Osnabrücker Universitätsreden

Gedruckt mit Unterstützung der
Universitätsgesellschaft Osnabrück e.V.

Osnabrücker
Universitätsreden

Band 8

Der Präsident
der Universität Osnabrück
(Herausgeber)

Hanjo Kesting

Hat Europa eine gemeinsame Kultur?

Literatur und Kunst als Grundlage
unserer Überlieferung

Universitätsverlag Osnabrück
V&R unipress

Hat Europa eine gemeinsame Kultur? Literatur und Kunst als Grundlage unserer Überlieferung

1

»Hat Europa eine gemeinsame Kultur?« lautet die Titelfrage meines Vortrags. Das ist eine sehr umfassende Frage, und um darauf zu antworten, könnte ich jetzt leicht einige kulturgeschichtliche Großbegriffe anführen, um mit ihrer Hilfe die europäische Kultur oder die europäische Identität zu bestimmen: die griechisch-römische Antike, die jüdisch-christliche Überlieferung, Renaissance und Aufklärung, die modernen Naturwissenschaften – das sind die wichtigsten Elemente oder Bausteine, aus denen sich eine europäische Identität konstituiert. Doch möchte ich lieber einen anderen, mehr empirischen Weg einschlagen, assoziativ, ohne Systematik, kreuz und quer durch die Kulturgeschichte.

Wir alle kennen einige berühmte Gestalten der europäischen Literatur: Don Quijote, den Ritter von der traurigen Gestalt, Hamlet, den ewigen Zweifler, Oblomow, den überflüssigen Menschen, oder Faust, der rastlos strebend sich bemüht. Und es gibt noch eine ganze Reihe solcher Figuren: Don Juan, Till Eulenspiegel, Tartuffe, Robinson Crusoe, den Fliegenden Holländer oder Sherlock Holmes, die Allgemeingut und in gewisser Weise sprichwörtlich geworden sind, meist Geschöpfe der frühen Neuzeit, die mythenbildend war wie zuvor nur die griechische Antike. Diese Figuren stammen aus verschiedenen europäischen Nationalliteraturen, aber sie sind ins gemeinsame kulturelle Gedächtnis Europas eingegangen. Dort führen sie, unabhängig von ihren Erfindern, längst ein Eigenleben. Andere Autoren haben diese Figuren benutzt, umgedeutet, weitergedichtet. Es gibt deutsche Hamlets, englische Don Quijotes, russische Don Juans und französische Robinsons. Längst sind diese Figuren auch zur Inspirationsquelle für andere Künste geworden: für die Malerei, für die Musik, für den Film. Schon diese Aufzählung zeigt, daß es so etwas wie eine gemeinsame europäische Literatur gibt. Und eine gemeinsame europäische Kultur. Eine andere Frage ist, wie wichtig uns diese Kultur ist und was sie uns heute – in der großen Krise Europas – bedeuten kann.

Ich habe in den letzten Wochen die einschlägigen Artikel der großen Tageszeitungen gesammelt (inzwischen ein gut gefüllter Leitz-Ordner) und festgestellt: In fast allen diesen Artikeln – von allerwenigsten Ausnahmen abgesehen – geht es, wenn von Europa die Rede, in Wirklichkeit um die Europäische Union (die 27 Staaten des Kontinents umfaßt) oder um die Währungsunion (sie umfaßt 17 Staaten). Kaum einmal jedoch ist von *dem* Europa die Rede, dem wahren, eigentlichen Europa, wie ich glaube, auf dessen Territorium immerhin noch weitere 20 oder 22 Staaten liegen (je nachdem ob man Transnistrien und das Kosovo als eigenständige Staaten anerkennt), also von diesem geographisch und politisch vielgestaltigen, geschichtsträchtigen, kulturell unendlich reichen Kontinent, der seinen Namen von einer phönizischen Prinzessin empfing, die diesen Kontinent einige tausend Jahre vor unserer Zeitrechnung zum ersten Mal, mutmaßlich in Kreta, betreten haben soll, aus dem Orient kommend oder besser schwimmend auf dem Rücken eines Stieres, in dessen Gestalt sich kein anderer als Zeus, der Göttervater höchstselbst, verbarg. Hier be-

6

ginnt die europäische Geschichte, hier liegen die Wurzeln der europäischen Kultur, hier ist der Ausgangspunkt der europäischen Identität.

Doch nicht darum geht es in den erwähnten Artikeln, vielmehr um Staatsanleihen, Schulden, Exportüberschüsse, Sparprogramme, Rettungsschirme, Bankenrettung, Gläubigerschutz, um das ganze Programm, das Sie alle zur Genüge kennen, samt den vielfältigen Ursachen der »Krise« – kein Wort wird in den Artikeln häufiger gebraucht als das Wort »Krise«. Und es kann kein Zweifel bestehen, daß diese Krise tief und ernst, vielleicht sogar bedrohlich ist. Hier genügt es, einige Sätze aus dem Artikel zu zitieren, mit dem ein Kommentator der *Süddeutschen Zeitung* zum Jahreswechsel eine europäische Bilanz zog – unter dem Titel »27 Chefs und kein Weg«. Da heißt es: »Wer wissen will, wie es um Europa am Ende des Krisenjahres 2012 bestellt ist, der sollte auf die Hauptstädte schauen. In Paris kämpft der Staatspräsident gegen den ökonomischen Niedergang der Grande Nation. London hat wirtschaftlich ähnlich große Probleme wie Madrid. In Rom ringt der Bürokraten-Premier mit der Entscheidung für eine weitere Amtszeit. In der ›Peripherie‹ haben die Regierungschefs alle Hände voll zu tun mit Sparen und Reformieren. Von Athen bis Dublin, von Den Haag bis Madrid kämpfen sie gegen die Auswirkungen der Krise. – Die Europäische Union ist in den Hintergrund gedrängt. Das Vertrauen in die Gemeinschaft ist geschwunden, und zwar rapide – was nicht verwunderlich ist. Die Brüsseler Institutionen haben sich in den vergangenen Monaten in zahllosen Plänen verheddert, die alle nicht als Ausweg aus der Krise taugen, aber vor allem die eigene Macht sichern. Und die 27 Chefs zeigen sich weder willens noch in der Lage, überhaupt etwas gemeinsam zu entscheiden. Im fünften Jahr der Krise … stauen sich die unerledigten Aufgaben wie ein weiterer Schuldenberg auf.«

Das ist eine deprimierende Bilanz, und ich erspare es Ihnen und mir, sie weiter auszumalen. Erst waren es die Schulden in einem kleinen Land wie Griechenland, die den ganzen Kontinent erschütterten, jetzt reicht schon ein Inselstaat von der Größe Zyperns aus, um die Krise zu verschärfen und die Uneinigkeit weiter hervorzutreiben, nicht nur zwischen den einzelnen Staaten, sondern auch in den Staaten selber zwischen Regierung und Opposition. Der einzige Fortschritt, der sich verzeichnen läßt, scheint der Fortschritt der Erosion der politischen Gemeinschaft zu sein. Noch ein weiteres Zeitungszitat, diesmal vom 8. Januar 2013, nach Veröffentlichung des »Europäischen Beschäftigungs- und Sozialberichts«: »Europaweit waren 2012 so viele Bürger arbeitslos wie seit 20 Jahren nicht mehr. Diejenigen, die arbeiteten, hatten durchschnittlich weniger Geld zur Verfügung. Jungen Menschen, alleinerziehenden Müttern und arbeitslosen Frauen drohen gesellschaftlicher Abstieg und Armut … In der Euro-Zone hat sich die soziale Lage deutlicher verschlimmert als im Rest Europas. Nördliche und südliche Länder driften bedrohlich auseinander.«

2

Angesichts solcher Fakten und solcher Entwicklungen braucht es einen gewissen Mut, um von europäischer Kultur zu sprechen; es könnte wie falscher Trost oder wie eine Form von Eskapismus wirken, wenn nicht gar als bloße Beschönigung. Die Politiker, die so selten von

Kultur sprechen, beschwören sie mit Vorliebe, wenn sie politisch nicht weiterwissen. Andererseits wird auch in den soeben zitierten Zeitungsartikeln mit keinem Wort erwähnt, worin das Projekt Europa eigentlich besteht, was seinen Sinn ausmacht über den großen Wirtschaftsraum mit 450 Millionen Einwohnern hinaus. Und so einen Sinn oder ein Ziel muß es doch geben, wenn man aufbricht zu großer Fahrt. Fragen wir also, welches Europa gemeint war, als man sich vor sechzig Jahren, in der ersten Dekade nach dem Zweiten Weltkrieg, daran machte, die Idee oder, wenn man so will, die Vision eines vereinigten Europas zu entwickeln. Diese Idee wurde damals nicht aus dem Nichts geboren, sie war kein leerer Traum, sie entstand vielmehr aus der anderen, negativen Erfahrung unseres Kontinents, nämlich seiner Selbstzerstörung und Selbstzerfleischung in endlosen Kriegen. In Kriegen, die vielleicht keine Bürgerkriege, aber doch immer europäische Bruderkriege waren. Auch wenn Deutschland und Frankreich, die sogenannten Erz- oder Erbfeinde, einander bekriegten, waren es im Grunde Bruderkriege, und im Unterbewußtsein der Völker wurden sie als solche empfunden. In Aachen oder Aix-la-Chapelle, wie die Franzosen sagen, der Hauptstadt des alten Karolingerreiches, wird alljährlich der Karlspreis verliehen, um diese zwar lange zurückliegende, aber geschichtstiefe, im kollektiven Unterbewußtsein weiterwirkende Einheit zu beschwören. »Europäische Kriege«, hat Thomas Mann gesagt, »sofern sie nur auch im Geistigen geführt werden, und das müssen sie immer, werden zugleich auch deutsche Bruderkriege sein...« Und das gilt nicht weniger für Frankreich. Dazu muß man nicht bis zu den napoleonischen Kriegen zurückgehen oder zu den drei Kriegen der Jahre 1864 bis 1871 (der letzte wieder ein deutsch-französischer Krieg), aus denen – »aus Blut und Eisen«, wie man damals sagte – das deutsche Kaiserreich hervorging. Nein, um die Schrecken der europäischen Vergangenheit zu beschwören, reicht die erste Hälfte des 20. Jahrhunderts völlig aus, sogar die nur dreißig Jahre zwischen 1914 und 1945.

Ich will diese Schrecken kurz in Erinnerung bringen, und Sie sehen es mir hoffentlich nach, wenn ich dies am Beispiel meiner eigenen Familiengeschichte versuche. Mein Vater wurde im Oktober 1914 geboren, kurz nach Beginn des Ersten Weltkriegs, der damals noch keine drei Monate alt war. Der Vater meines Vaters lebte da schon nicht mehr, er war bereits Anfang August 1914, wenige Tage nach der Mobilmachung, in den ersten Scharmützeln des Krieges gefallen. Die Mutter meines Vaters war damals vierundzwanzig Jahre alt, und die restlichen siebenunddreißig Jahre ihres Lebens verbrachte sie als Kriegerwitwe, während ihre beiden Kinder als Waisen aufwuchsen. Meine Mutter, die mit meinem Vater seltsamerweise den Geburtstag gemeinsam hatte, wurde drei Jahre später geboren, 1917, da war der Krieg noch nicht zu Ende. Sie wuchs in kleinen Verhältnissen auf, in wirtschaftlich bedrängten Jahren, man denke an die große Inflation, doch konnte sie ein Gymnasium besuchen, wenn auch nur bis 1931. Dann tat die große Weltwirtschaftskrise ihre Wirkung, meine Mutter mußte das Gymnasium verlassen, ihr Vater wurde arbeitslos wie Millionen andere – es war nicht der einzige, aber der wichtigste Grund für den Aufstieg der Nationalsozialisten. Was wäre der Welt ohne den 30. Januar 1933 nicht alles erspart geblieben? Meine Mutter war damals fünfzehn Jahre alt, fünf Jahre später lernte sie meinen Vater kennen, damals bereits Berufssoldat und junger Offizier.

Sie kannten sich erst ein Jahr, als der Zweite Weltkrieg begann, den mein Vater von Anfang an mitgemacht hat, in Polen, in Frankreich, später in Rußland, sie heirateten, als der Krieg vier Monate alt war, 1940 kam mein älterer Bruder zur Welt, ich wurde im Januar 1943 geboren, in der Woche, als die deutsche Armee in Stalingrad kapitulierte. Im Oktober 1944 traf der letzte Brief meines Vaters ein, danach wurde er vermißt gemeldet. Meine Mutter war damals siebenundzwanzig Jahre alt und stand mit zwei Kindern da, so wie dreißig Jahre zuvor die Mutter ihres Mannes, und wie diese verbrachte sie die restlichen dreiunddreißig Jahre ihres Lebens als Kriegerwitwe. Ich selbst habe meinen Vater nicht gekannt, so wenig wie er seinen Vater gekannt hat. Die Väter blieben zeitlebens unsichtbare, ungreifbare Phantome in Uniform auf vergilbenden Fotos und aus Erzählungen von Mutter und Großmutter.

Die hier skizzierte Familiengeschichte ist mir immer exemplarisch erschienen für die deutsche Geschichte dieser Zeit. Exemplarisch, das heißt nicht, daß ich mir etwas darauf einbildete, diese Geschichte haben Hunderttausende, ja Millionen geteilt, es ist eine kollektive Geschichte, dadurch auch eine kollektive Erinnerung, und zwar in allen europäischen Völkern. Was meinen Eltern und Großeltern widerfuhr, das ist so oder ähnlich auch französischen, russischen oder polnischen Eltern und Großeltern widerfahren. Es war die grausame Hinterlassenschaft europäischer Bruderkriege, die sich zuletzt zu globalen Kriegen, Weltkriegen, auswuchsen. François Mitterand, der frühere französische Staatspräsident, hat die Lehre daraus vor zwanzig Jahren in Straßburg auf die kürzeste Formel gebracht, als er sagte: »Nationalismus ist Krieg.«

Diese Erfahrung war der Motor des europäischen Einigungsprozesses, der dann in den Römischen Verträgen zuerst Gestalt gewann. Der Nationalismus sollte überwunden, Hunger und Massenelend gebannt, der ungezügelte Kapitalismus, der die Katastrophe von 1929 hervorgebracht hatte, gezähmt werden. Diese drei Ziele, das politische, das soziale und das ökonomische, wurden als Einheit begriffen, als untrennbare Trias. Es ist von heute aus, aus dem Tal der Klagen und der Sorgen um Europa, nicht einfach, sich die Begeisterung und Euphorie zurückzurufen, die sich damals mit der Idee eines vereinigten oder sich vereinigenden Europas verband. Das Europa der Nachkriegszeit sollte ein Projekt des Friedens, der Demokratie, der Freiheit und gemeinsamer kultureller Traditionen sein. Und es gab ja tatsächlich diese alten, mehr als dreitausend Jahre umfassenden kulturellen Traditionen Europas. In ihnen war die Idee Europa schon seit langer Zeit Wirklichkeit, und diese kulturellen Traditionen sind es ja auch, die Europa substantiell ausmachen, das »alte Europa«, wie zuweilen herablassend gesagt worden ist (Donald Rumsfeld vor Beginn des Irakkrieges). Gäbe es dieses alte Europa nicht, dann wäre Europa nicht mehr als eine ökonomische Interessengemeinschaft. Das aber dürfen wir unserem Kontinent, unserer gemeinsamen Kultur, das dürfen wir uns selbst nicht antun. Nicht daß ich die Währungsunion geringschätzte. Sie ist aber nur ein Mittel zum Zweck, nicht ein Ziel, das zu beflügeln vermag, für das sich einzutreten lohnt. Ginge es nur um Ökonomie, dann brauchte man die Titelfrage meines Vortrags gar nicht zu stellen.

3

Wie aber bekommen wir die europäische Kultur zu fassen? Leichter wäre es ja, von der spanischen, italienischen, französischen, englischen oder deutschen Kultur zu sprechen. Oder auch von der holländischen, dänischen, polnischen, ungarischen Kultur, von der russischen ganz zu schweigen. Paradoxerweise hat die Krise Europas, die sich nun schon jahrelang hinzieht, nicht das Bewußtsein der europäischen Gemeinsamkeit, sondern die nationalen Identitäten und Egoismen gestärkt; die Unterschiede der europäischen Nationen sind wieder deutlicher sichtbar geworden und mit den Unterschieden viele nationale Vorurteile und alte Konfliktlinien. Keine gute Entwicklung. Eben deswegen muß man an die weitaus größeren und tieferliegenden Gemeinsamkeiten erinnern, die die europäischen Nationen miteinander verbinden und die ihren Ausdruck am stärksten in der Gemeinsamkeit ihrer Kultur finden.

Worin besteht diese Gemeinsamkeit? Ich will sie an einem Beispiel veranschaulichen. Über viele Jahre hinweg bin ich im Sommer regelmäßig zu den Festspielen nach Salzburg gefahren. Diese Stadt, die Thomas Bernhard in seiner Autobiographie mit so brennender Haßliebe beschrieben hat, hat mich stets angezogen, ohne daß ich mir zunächst über die Gründe dieser Anziehung Aufschluß gab. Lag es vielleicht daran, daß es die Geburtsstadt von Mozart ist? Erst allmählich wurde mir klar – und das hing mit dem Fall des Eisernen Vorhangs zusammen –, daß Salzburg geographisch im Zentrum Europas liegt, auf der Schnittlinie der Achsen, die von Norden nach Süden und von Westen nach Osten führen. Die Stadt hat Einflüsse aus allen Himmelsrichtungen aufgenommen: sie gehört zum deutschen Kulturkreis, ist geprägt von italienischer Architektur und Kunst, sie hat östliche Einwirkungen aus der alten Donaumonarchie erfahren, und sie hat als Festspielstadt seit dem Ersten Weltkrieg dank ihrer Besucher eine westliche Mondänität hervorgebracht. Sie ist, kurz gesagt, die europäischste aller europäischen Städte. Kein Zufall, daß Mozart dort geboren wurde, ja ich würde sagen, Mozart konnte in keiner anderen Stadt geboren werden und aufwachsen. Hier nahm er Einflüsse von allen Seiten und von allen künstlerischen Stilen auf, Einflüsse, die auf seinen frühen Reisen als sogenanntes Wunderkind durch ganz Europa vertieft und gefestigt wurden. Das betraf nicht nur die Musik. Mozart nahm alles in sich auf: Sprache, Mentalität, Geschmack und Sitten, Literatur, Kunst, Philosophie, die Ideen der Aufklärung. Sonst hätte er nicht der größte aller Musikdramatiker werden können, nur Shakespeare vergleichbar. Sein Opernwerk umfaßt alle Stilrichtungen: *Don Giovanni* ist italienisch, *Idomeneo* französisch, die *Zauberflöte* deutsch, das Frühwerk ist ein Resümee barocker Traditionen, der späte *Titus* eine Vorwegnahme der Grand Opéra des 19. Jahrhunderts. Aber auch der Oratorienstil Händels, der polyphone Reichtum Bachs, der sinfonische Stil Haydns, der dramatische Stil Glucks sind in Mozarts Werk eingegangen. Dieses Werk stellt die letzte und umfassendste Synthese der europäischen Kulturtradition dar, die sich denken läßt. Mozart starb 1791, da hatte gerade die französische Revolution begonnen (deren Signale in seinen Opern ja wahrnehmbar sind). Danach begann das Europa der Nationalstaaten, auch die Musik, die Kunst, die Literatur wurden national, die Kultur der griechisch-römischen Antike begann ihre verbindliche Rolle einzubüßen, und das galt nicht weniger für die religiöse und kirchliche Überlieferung.

Was ist Europa heute? Es ist für mich in erster Linie ein geistiger Raum, und das muß man heute, da nur noch von Haushaltsdefiziten, Schuldenbergen und Sparprogrammen die Rede ist, immer wieder betonen. Dieser geistige Raum existierte schon, als Rousseau nach England reiste, um David Hume zu treffen, als der Baron Grimm aus Paris seine Geheimkorrespondenzen an die Insider der Aufklärung in ganz Europa versandte, als Königin Christine von Schweden René Descartes an ihren Hof berief so wie hundert Jahre zuvor Franz I. von Frankreich den großen Leonardo da Vinci, ja dieser geistige Raum Europa existierte bereits (und vielleicht mehr als heute), als der Schotte Duns Scotus im spanischen Toledo daran ging, die Werke von Aristoteles aus dem Griechischen und manchmal auch aus dem Arabischen ins Lateinische zu übersetzen. Diese Aristoteles-Übersetzungen gehörten zu den Gründungsakten der großen geistigen Bewegung, die von Italien ausging und sich dann unter dem französischen Namen Renaissance in ganz Europa ausbreitete.

Renaissance heißt Wiedergeburt, und gemeint war die Wiedergeburt der Antike. Ihr gewaltiges kulturelles Erbe wurde erst jetzt, rund 700 Jahre nach dem Untergang des Römischen, genauer: des weströmischen Reiches, umfassend rezipiert, in mehreren großen Wellen, deren letzte mit der Eroberung Konstantinopels durch die Türken 1453 einsetzte, als die schriftlichen Zeugnisse aus den Bibliotheken der Stadt nach Italien gelangten. Systematisch durchsuchten die italienischen Humanisten damals die Klosterbibliotheken und wurden nicht selten fündig: so entdeckte man Vitruvs enorm folgenreiche Architekturschriften in St. Gallen, die Schriften des Historikers Tacitus in Corvey und Bad Hersfeld. Und man entdeckte die medizinischen Lehrbücher von Galenus aus Pergamon, dessen wissenschaftliche Autorität sich bis ins 18. Jahrhundert hinein ungebrochen erhielt. Diese Lehrbücher von Galenus waren schon zuvor – im 9. Jahrhundert – ins Arabische übersetzt worden, und es darf nicht unerwähnt bleiben, wieviel die Renaissance und damit Europa der Vermittlungsarbeit islamischer Gelehrter verdankt, vor allem auf dem Gebiet der Naturwissenschaften, der Mathematik und der Philosophie. Dante läßt in seiner *Göttlichen Komödie* den arabischen Philosophen Averroes und den Sarazenenfürsten Saladin gleich neben Homer, Horaz und Ovid im Kreis der »guten Heiden« auftreten, unbekümmert um die Tatsache, daß man nur hundert Jahre zuvor Kreuzzüge gegen diesen Saladin geführt hatte. In diesem kulturellen Austausch zwischen Europa und dem Orient über das Erbe der Antike war Europa eher der nehmende als der gebende Teil.

In gewisser Weise wiederholte sich damals etwas, was bereits den Anfang oder den Ursprung der europäischen Kultur betrifft, das sogenannte »griechische Wunder«, das sich mit dem Auftritt Homers vollzog. Homer hinterließ uns seine beiden großen Epen, die *Ilias* und die *Odyssee*, die wahrscheinlich gar nicht vom selben Verfasser stammen, uns aber ratlos fragen lassen, wie so vollendete Werke gleichsam aus dem Nichts, aus dem Dunkel einer Zeit, über die wir kaum etwas wissen, entstehen konnten. Die meisten Gräzisten datieren diese Epen in der zweiten Hälfte des 8. vorchristlichen Jahrhunderts, eine beachtliche Minderheit, die immer stärker an Boden gewinnt, rückt sie ins erste Viertel des 7. Jahrhunderts, in die »orientalisierende« Epoche der griechischen Kultur,

16

so genannt nach gewissen östlichen Einflüssen, die in der Bildenden Kunst seit langem bekannt sind. Mit anderen Worten, die Griechen haben vom Alten Orient viel gelernt und manches übernommen. Vielleicht hat man überhaupt den Anteil des Orients an der Entstehung des »griechischen Wunders« unterschätzt, etwa die Übernahme der Buchstabenschrift, des aramäischen Alphabets mit seiner Reduktion auf etwa fünfundzwanzig Zeichen – sie war die Voraussetzung für eine Schriftkultur auf entwickelter Grundlage. Und so vermutet man heute immer mehr, daß Homer das babylonische Gilgamesh-Epos gekannt hat – das bei uns erst spät, nach Entzifferung der Keilschrift, in den Wahrnehmungsradius gelangt ist, als die Philologen sich bereits an die Vorstellung gewöhnt hatten, Homers Epen seien seinem Kopf ebenso wunderbar entsprungen wie Pallas Athene dem Haupte des Zeus. Es gibt bemerkenswerte Parallelen zwischen Gilgamesh und Ilias, die ich hier nicht im einzelnen ausführen kann, so wenig wie die Einflüsse, die vom Gilgamesh-Epos auf den Text der Bibel ausgegangen sind, etwa in der berühmten Sintflut-Episode. Nur das Resümee will ich zitieren, das Werner Burkert, der Doyen unter den heutigen Philologen, in seinem Buch *Die Griechen und der Orient* gezogen hat: »Es sieht so aus, als würden sich die interkulturellen Perspektiven neuerdings endgültig durchsetzen und damit unser Bild von der griechischen Kulturschöpfung entscheidend modifizieren.« Ich erwähne das, um einen europäischen Kulturhochmut gar nicht erst aufkommen zu lassen, Europa hat den anderen Kulturen, vor allem dem Vorderen Orient, viel zu verdanken.

4

Nach dieser Abschweifung kehre ich in die Epoche der Renaissance zurück, in die Zeit einer wiedergeborenen Antike. Die Antike gab damals und noch auf lange Zeit die wichtigsten Anregungen, aus der Antike kamen die Muster, die Modelle, die Maßstäbe. Und diese Maßstäbe blieben in Geltung bis zum 18. Jahrhundert, in welchem Ausmaß, das kann man sich heute gar nicht mehr vorstellen. Alles kam aus der Antike, die mythologische Stoffe und Themen (Odysseus, Medea, Iphigenie, Ödipus usw.) wie die historischen Stoffe und Themen (Alexander, Scipio, Hannibal, Caesar usw.). Aber eben darin besteht ja die gemeinsame Kultur Europas: sie beruht auf diesem griechisch-römischen Fundament. Die ganze französische Klassik steht im Zeichen der Antike, und zwar der römischen: Racine, Corneille, Boileau und noch Voltaire. Nur Molière, der Komödiendichter, konnte aus dem vorgegebenen Rahmen ausbrechen, denn die Komödie war die mindere, die volkstümliche Form, so wie im Bereich der Oper die *opera buffa*. Der 27. Januar 1687 war ein denkwürdiger Tag in der Geschichte der französischen Literatur. Damals trug Charles Perrault, der nachmalige Märchendichter, in der Académie française ein Gedicht mit dem Titel »Das Jahrhundert Ludwigs« vor (gemeint war der regierende Ludwig XIV.). Darin forderte er die Künstler und Schriftsteller seiner Zeit auf, nicht immer nur bewundernd zu den antiken Vorbildern aufzublicken: »Das schöne Altertum ist ehrenwert; / die Alten sind groß, aber Menschen wie wir; / Und man kann, ohne Scheu das Jahrhundert Ludwigs / mit dem von Augustus vergleichen.« Das hatte einen Tumult, fast eine Saalschlacht, zur Folge, und Boileau, der Anführer der Klassizisten, verließ wutschnaubend den Saal. Damit brach der große Streit los über den Vorrang der Antike vor der Neuzeit, der Alten vor den Modernen, ein Streit, der die französischen Schriftsteller und Intellektuellen in zwei Lager spaltete. Zu den Verteidigern der Neuzeit gehörte Bernard de Fontenelle, der schrieb: »Wenn aber unsere Bäume genau so groß sind wie die Bäume früherer Zeiten, können wir auch Homer, Platon und Demosthenes gleichkommen.« Aber Fontenelles berühmtestes Buch sind die *Totengespräche*, und diese sind wieder einem antiken Modell, den *Totengesprächen* von Lukian, nachgebildet. Den antiken Modellen war schlechterdings nicht auszuweichen.

So läßt sich ohne Umschweife sagen, daß auch unsere klassische deutsche Literatur, die im letzten Drittel des 18. Jahrhunderts in so erstaunlicher Kraft und Fülle entstand, ihre Modelle aus der Antike nahm, diesmal nicht aus der römischen, sondern der griechischen Antike. Das ist, ich gebe es zu, ein kulturgeschichtlicher Gemeinplatz, denn wie könnte es sonst eine »klassische« Literatur sein — für sie ist immer die Antike der Bezugspunkt. Aber man muß diesen Gemeinplatz heute doch wieder aussprechen: Winckelmann, Goethe, Schiller, Hölderlin — sie sind undenkbar ohne Homer, Sophokles und Euripides oder die Tempel von Paestum und Agrigent. Es war teilweise eine mißverstandene Antike, aber noch das Mißverständnis ist produktiv geworden in einer unerhörten künstlerischen Blüte. Das haben die Deutschen der europäischen Antike, speziell Griechenland, zu verdanken, und das hat ganz Europa Griechenland zu verdanken. Ohne Sokrates und Platon kein Kant und kein Hegel. Ohne Aischylos und Sophokles kein modernes Theater, kein Shakespeare, kein Schiller, kein Brecht.

Ohne Solon und Perikles keine neuzeitliche Demokratie. Die Griechen begründeten das heutige Rechtssystem, sie erforschten systematisch die Natur, sie fanden heraus, daß, wie Heraklit sagte, »alles fließt«, daß die Materie aus Atomen besteht und die Erde eine Kugel ist.

Ich erwähne es hier, weil einige unserer Politiker sich nicht scheuen, mit Griechenland hart ins Gericht zu gehen. Ein bayerischer Minister erkühnte sich zu sagen, man solle an den Griechen »ein Exempel statuieren«, so als hätte er vergessen, daß nach dem griechischen Freiheitskampf am Anfang des 19. Jahrhunderts zuerst ein Wittelsbacher den griechischen Thron besetzte. Damals erglühte ganz Europa in philhellenischer Begeisterung, Lord Byron starb in Missolunghi, Hölderlin schrieb: »O Griechenland, mit deiner Genialität und Frömmigkeit, wo bist du hingekommen?« Heute erklärt man ungerührt, Griechenlands Austritt aus der Währungsunion habe »seinen Schrecken verloren«. Den Schrecken für unser Finanzsystem, das mag zutreffen, aber ist es nicht ein weit größerer Schrecken, sich Europa ohne Griechenland vorzustellen und dieses Griechenland seiner Misere zu überlassen? Daraus spricht der betrüblichste Schwund des Bewußtseins dafür, was in einem großen historischen Sinn unter Europa, unter europäischer Identität und europäischen Werten zu verstehen ist. Es ist der Triumph des Egoismus und der Engstirnigkeit, der mich an die bittere Klage Hyperions in Hölderlins Roman erinnert. Hölderlin hat sich in diesem Roman in einen Griechen verwandelt, der den Deutschen im griechischen Gewand die eigene Leidensgeschichte erzählt. Auch sein Leiden an Deutschland: »So kam ich unter die Deutschen«, schreibt Hyperion. »Barbaren von Alters her, durch Fleiß und Wissenschaft und selbst durch Religion barbarischer geworden, tiefunfähig jedes göttlichen Gefühls...«

Hölderlin – das muß kein Widerspruch sein – dichtete auch einen »Gesang des Deutschen«, darin die berühmten Verse: »O heilig Herz der Völker, o Vaterland! / Allduldend, gleich der schweigenden Mutter Erd, / Und allverkannt, wenn schon aus deiner / Tiefe die Fremden ihr Bestes haben!« Das will ich hier unkommentiert stehen lassen. Wahr ist aber auch, daß gerade die Deutschen aus der Fremde manches entwendet haben und nicht selten ihr Bestes. Lessing fand das Modell für seine berühmte Ring-Parabel aus *Nathan der Weise* in einer Novelle von Boccaccio, Klopstock dichtete seinen gewaltigen *Messias* nach dem Vorbild von Miltons *Paradise Lost*, Schiller behandelte in seinen Dramen geschichtliche Grundstoffe der europäischen Nationen: einen französischen Grundstoff in der *Jungfrau von Orleans*, einen spanischen in *Don Karlos*, einen britischen in *Maria Stuart*, einen russischen in *Demetrius*, einen Schweizer Grundstoff in *Wilhelm Tell*, einen deutschen in *Wallenstein*, nämlich den Dreißigjährigen Krieg, der für die Geschichte der Nation unendlich folgenreich war. Das alles vollzog sich noch in unserer klassischen Epoche, also vor Ausbruch des nationalistischen Furors, als man anfing, sich an Hermannsschlachten und Nibelungenepen zu ergötzen. Goethe propagierte die Idee der Weltliteratur just in dem historischen Augenblick, als die deutsche Nation sich von Europa abzuwenden und um sich selbst zu kreisen begann.

Die Geschichte der Entlehnungen läßt sich nach Belieben fortschreiben: Kleist schrieb seinen wunderbaren *Amphitryon*, aber der ist eigentlich eine Übersetzung eines Stückes von Molière, und Molière wiederum benutzte ein antikes Stück von Plautus. Und damit sind nur die drei wichtigsten *Amphitryone* genannt, in Wirklichkeit gibt es weit mehr, und als der französische Dramatiker Jean Giraudoux daran ging, eine weitere Version des Stoffes zu schreiben, zählte er zuvor die Werke seiner Vorgänger und nannte sein Stück dann *Amphitryon 38*. So verlaufen die Überlieferungswege europäischer Kulturgeschichte, und mühelos lassen sie sich auf andere Stoffe übertragen. Kleists Dorfrichter Adam aus dem *Zerbrochnen Krug*, der über sein eigenes Verbrechen zu Gericht sitzt, ist ein – an seinem Klumpfuß kenntlicher – Wiedergänger von Ödipus. Denn auch der König von Theben muß die Verbrechen aufklären, die er selber beging, die Ermordung seines Vaters und den Inzest mit der Mutter, damit ist er zugleich der erste Detektiv der Literaturgeschichte, Vorbild für alle späteren Detektive, die allerdings weit hinter dem genialen Prototyp zurückbleiben, indem sie Gut und Böse säuberlich trennen, nur die Verbrechen anderer aufklären, statt sich die eigenen Verbrechen bewußt zu machen oder die eigene Möglichkeit dazu.

Unserer Klassik voraus ging die kurze Epoche eines wilden literarischen Aufbruchs, den man Sturm und Drang nennt. Er war so wenig wie die Klassik eine Schöpfung aus dem Nichts, Shakespeare war der wichtigste Anreger, und Goethes Rede »Zum Shäkespears Tag« am 14. Oktober 1771 gab das Startsignal: »Die erste Seite, die ich in [Shakespeare] las, machte mich Zeitlebens ihm eigen, und wie ich mit dem ersten Stücke von ihm fertig war, stand ich wie ein Blindgeborner, dem eine Wunderhand das Gesicht in einem Augenblick schenkt.« Seither ist Shakespeare der Regent auf den deutschen Bühnen, und sein Einfluß auf die deutsche Kultur war so mächtig und tief, daß man ihn zeitweise zum Deutschen ehrenhalber machen wollte. Shakespeare war das Originalgenie schlechthin, aber in der Wahl seiner Stoffe bewies auch er wenig Originalität: etwa ein Drittel seiner Stücke beruht auf englischen Geschichtschroniken; ein weiteres Drittel auf antiken Quellen, vor allem Plutarch; das letzte Drittel auf der italienischen Novellistik der Renaissance. Die Stoffe so berühmter Stücke wie *Der Kaufmann von Venedig*, *Romeo und Julia*, *Was ihr wollt* und *Viel Lärmen um nichts* sind nicht von Shakespeare erfunden worden, sie haben italienische Novellen zur Vorlage, die damals überall in Europa kursierten, meist verfaßt nach dem Modell von Boccaccio. Dessen *Dekameron* bildete den Prototyp, aber auch in ihn waren Erzählungen unterschiedlichster Herkunft eingegangen, aus antiken, arabischen und mittellateinischen Quellen, wie die Geschichte des Juden Melchisedech, die Lessing für *Nathan der Weise* entwendete, nachdem sie schon bei Boccaccio eine Neu- und Umgestaltung zweier Geschichten aus der mittelalterlichen Sammlung *Gesta Romanorum* war. So gerät man beim Kreuz- und Quergang durch die europäische Kulturgeschichte in ein Netz unendlicher Beziehungen, dessen Struktur nie völlig transparent gemacht werden kann. Wer in dem Band *Stoffe der Weltliteratur* von Elisabeth Frenzel blättert, wird den Eindruck gewinnen, daß fast die gesamte europäische Literatur aus Variationen weniger, meist antiker Grundmodelle besteht. Ganz ähnlich hat der englische Philosoph und Mathematiker Alfred North Whitehead über die europäische Philosophiegeschichte das Bonmot geprägt: »Die sicherste allgemeine Charakterisierung der philosophischen Tradition Europas lautet, daß sie aus einer Reihe von Fußnoten zu Platon besteht.«

5

Ich halte an in meinem Streifzug, weil die Gemeinsamkeit, das Verbindende der europäischen Kultur, deutlich genug geworden sein dürfte. Es gibt natürlich auch Unterschiede, die mit nationalen Traditionen, mit Landschaft, Religion, Klima usw. zu tun haben. Das gilt für Musik und Bildende Kunst und schlägt am stärksten in der Literatur zu Buche durch die Unterschiede der Sprachen. Die sprachliche Vielfalt Europas ist einerseits Reichtum, andererseits ein trennendes, schwer überwindbares Hindernis. Auch wenn Jahrhunderte lang das Lateinische die Sprache der Gebildeten, die *lingua franca*, war, können wir die literarische Gemeinsamkeit Europas heute, sofern wir nicht sehr gut Fremdsprachen beherrschen, nur indirekt erfahren. Umberto Eco hat den Sachverhalt zu dem Bonmot zugespitzt: »Die einzige gemeinsame Sprache Europas ist die Übersetzung.« Diese Problematik kann nicht dadurch wettgemacht werden, daß wir uns heute meist in einem schlechten, reduzierten, rein funktionalen Idiom verständigen, das englisch klingt oder für Englisch ausgegeben wird. Was vordergründig wie ein Triumph dieser Sprache erscheint, kann sich durch weltweiten Mißbrauch mit der Zeit als gewaltiger Bumerang erweisen. Doch gibt es, jenseits des Sprachlichen, noch tiefer liegende, geschichtlich bedingte Unterschiede innerhalb der europäischen Kultur, die – auch wenn es mir vor allem um die kulturellen Gemeinsamkeit geht – hier nicht übergangen werden können, und diese Unterschiede betreffen vor allem die Sonderstellung Deutschlands.

Erlauben Sie an dieser Stelle einen kleinen Exkurs. In seinem Stück *Troilus und Cressida* behandelt Shakespeare eine Episode aus dem Trojanischen Krieg. Es ist ein seltsames Stück, schwer einzuordnen, man kann es als Tragödie, als Komödie, als Historie, als Satire lesen. »Es ist zugleich das schwierigste und elitärste aller Werke Shakespeares«, hat Harold Bloom gesagt. »Nirgends im Werk Shakespeares tritt Bitterkeit so unverhüllt zu Tage wie hier …, in dem Stück herrscht ein nihilistischer Geist.« Was mich an dem Stück immer beschäftigt hat, ist der Umstand, daß Shakespeare die Trojaner, unter ihnen Aeneas, nicht gerade mit Sympathie zeichnet, die Griechen aber mit offenkundiger Verachtung. Wie soll man es erklären? Es widerspricht der im deutschen Kulturkreis eingeübten Lesart, in der die griechische Perspektive vorherrscht. Der Widerspruch schwindet aber, sobald man die römische Sichtweise einnimmt, der zufolge die Römer die Nachfahren der Trojaner sind und Aeneas ihr Stammvater ist. Oder die britische Sichtweise, der zufolge ein Urenkel des Aeneas mit Namen Brutus, nicht zu verwechseln mit dem Caesar-Attentäter, der Urvater der Britannier gewesen sein soll. Er soll das britannische Königtum als Vorfahr des legendären Königs Artus begründet haben.

Das liefert einen wichtigen Schlüssel zur Kultur und Literatur West- und Südeuropas, dessen Territorien einst Provinzen des Römischen Reiches waren: Britannien, Gallien, Hispanien, Italien sowieso. Die römische Literatur, vor allem Vergil, hat dort über viele Jahrhunderte hinweg viel tiefer und dauerhafter gewirkt als der spät entdeckte Homer, der erst 1598 erstmals von Chapman ins Englische übersetzt wurde. Da war Shakespeare schon vierunddreißig Jahre alt. Die elisabethanische Klassik kam viel stärker von Vergil und Seneca her als von Homer und Aischylos. Ganz ähnlich die Situation in

Frankreich. Eines der großartigsten Kapitel in den *Essais* von Montaigne ist überschrieben: »Über einige Verse von Vergil.« Von Voltaire stammt die Bemerkung: »Homer hat Vergil gemacht, sagt man; wenn das so ist, so war es zweifellos sein bestes Werk.« Vergil wird hier über Homer gestellt, er habe mehr »Geschmack«, lautete das französische Urteil der klassischen Zeit. Das mag anfechtbar oder sogar falsch sein, aber auch später gibt es in Frankreich kaum einen Schriftsteller, der sich nicht auf Vergil bezieht. Noch das Tagebuch von André Gide ist übersät mit Anmerkungen zu seiner entzückten Vergil-Lektüre. T. S. Eliot erklärte, instinktiv die Welt Vergils der Welt Homers vorgezogen zu haben, für ihn war Vergil wenn nicht der größte, so doch der reifste, umfassendste, »klassischste« aller Dichter: »Unser Klassiker, der Klassiker von ganz Europa, ist Vergil.« Das ist eine interessante Bemerkung. Denn Vergil hat in Deutschland nicht annähernd eine so große Rolle gespielt wie in den anderen Ländern, die Deutschen warfen sich – ich habe es bereits angedeutet – mit Beginn ihrer klassischen Epoche Homer und den Griechen in die Arme, während Vergil als epigonal und künstlich galt. Das gleiche wiederholte sich anläßlich des anderen großen römischen Dichters, Ovid. Dessen Wirkungsgeschichte war in Westeuropa unglaublich tief, während er in Deutschland eine frühe Abwertung erfuhr. So wurde der junge Goethe von seinem Freund Herder wegen seiner Freude an Ovid getadelt: es finde sich, meinte Herder, keine unmittelbare Wahrheit in Ovids Dichtung, alles sei Nachahmung und die manierierte Darstellung eines Überkultivierten.

Der Grund für die deutsche Sonderstellung ist leicht auszumachen: Germanien war – von einigen Partien südlich der Donau und westlich des Rheins abgesehen – nie Teil des Imperium Romanum, anders gesagt: es gelang den Römern nicht, Germanien militärisch zu erobern. Deswegen ist die deutsche Sprache, anders als die romanischen Sprachen, nicht lateinisch geprägt, anders sogar als das Englische, dessen Vokabular zu mehr als fünfzig Prozent aus dem Lateinischen stammt. Und so ist auch die deutsche Kultur erst spät und langsam, hauptsächlich auf dem Weg der Christianisierung, über Kirche und Klerus, durch die lateinische Kultur geprägt worden. Der »Kampf gegen Rom« geht wie ein Leitmotiv durch die deutsche Geschichte: von Arminius, der die Römer im Teutoburger Wald besiegte, über Luther, der sich von der römischen Kirche lossagte, bis zu Bismarck, der einen Kulturkampf führte. Dieser deutsche Sonderweg ließe sich, hätten wir genügend Zeit, an der Wirkungsgeschichte des *Nibelungenliedes* beschreiben oder auch an der Wirkungsgeschichte der spät entdeckten Schriften von Tacitus, voran der *Germania*, mit deren Hilfe sich die verspätete deutsche Nation ebenso künstlich wie gewaltsam nicht nur ihre kulturellen Symbole, sondern auch eine politische Ideologie schuf. Heinrich Heine hat diesen Prozeß genau beobachtet und durchschaut, in *Deutschland – ein Wintermärchen* stehen die Verse:

Das ist der Teutoburger Wald,
Den Tacitus beschrieben,
Das ist der klassische Morast,
Wo Varus stecken geblieben.

Hier schlug ihn der Cheruskerfürst,
Der Hermann, der edle Recke;
Die deutsche Nationalität,
Die siegte in diesem Drecke.

Wenn Hermann nicht die Schlacht gewann,
Mit seinen blonden Horden,
So gäb es deutsche Freiheit nicht mehr,
Wir wären römisch geworden!

»Wir wären römisch geworden!« Ein interessantes Denkspiel: Wir wären römisch geworden wie Spanien, Frankreich, Britannien. Der Historiker Heinrich August Winkler hat vor einigen Jahren eine »Deutsche Geschichte des 19. und 20. Jahrhunderts« vorgelegt unter dem Titel: *Der lange Weg nach Westen*. Damit ist *Deutschlands* Weg nach Westen gemeint. Man könnte auch sagen: Ohne Arminius wäre er weniger lang geworden. Ohne Arminius wäre Germanien eine römische Provinz geworden, ohne Arminius kein Luther, kein Friedrich, kein Bismarck – vielleicht auch kein Hitler? Wie gesagt, ein Denkspiel, rückblickend gibt es keine Geschichte im Möglichkeitsfall. Aber Sie sehen, welche fundamentalen Tatbestände in der deutschen und europäischen Geschichte und Kultur hier angesprochen sind.

6

Ich bin tief hinabgestiegen in die europäische Kulturgeschichte, in Mittelalter und Renaissance und immer wieder in die Antike. Und mit Blick auf unsere von fiskalischen und ökonomischen Probleme bedrängte und bedrohte Gegenwart könnte man jetzt die Frage stellen, die Hamlet stellt in Shakespeares Stück, als ihm ein Schauspieler die große Szene vom Tod des Priamus deklamiert, – die Frage: »Was ist mir Hekuba?« Sie würde für heute abgewandelt lauten: Was sind uns Shakespeare und

Dante, was Homer und Vergil? In welcher Weise sind sie nützlich und können helfen bei der Lösung der Probleme? Ich könnte auch Mark Twain zitieren: *Die Abenteuer des Huckleberry Finn.* Vielleicht erinnern Sie sich, Huckleberry Finn, der liebenswerte Stromer, lebt am liebsten in Lumpen in einem großen Faß, er lehnt es ab, »tsivilisiert« zu werden; als er dann doch unter die Fittiche der Witwe Douglas gelangt, heißt es: »Nach dem Abendessen hat sie ihr Buch geholt und lernte mich was über Moses; und ich war scharf darauf, alles über ihn zu erfahren; aber schon bald ließ sie's raus, daß Moses schon ewig lange tot ist; von da an ließ er mich kalt, weil, für Tote interessier ich mich nicht.« So kann man die Sache auch sehen. Und Huckleberry Finn wiederholt hier im Grunde nur ein Bibelwort von Jesus: »Laßt die Toten die Toten begraben.« Nochmals also: Was sollen wir mit Dante und Shakespeare, Homer und Vergil?

Nun ist es kein Zufall, daß Huckleberry Finn Amerikaner ist und daß sein Erfinder Mark Twain der Schriftsteller war, über den Hemingway gesagt hat: »Die ganze amerikanische Literatur kommt von daher.« Hemingway kehrte sich, wie vor ihm Mark Twain, trotzig und entschlossen von Europa ab, nachdem er den schönen Pariser Frühling der zwanziger Jahre genossen hatte. Was hat das in unserem Kontext zu bedeuten? Sicher ist die amerikanische Kultur aus der europäischen hervorgegangen, und gemeinsam bilden sie das, was man die »westliche Kultur« nennt. Aber die Unterschiede darf man nicht übersehen und übergehen. Als die amerikanische Schriftstellerin Susan Sontag 2003 den Friedenspreis des Deutschen Buchhandels erhielt, ging sie in ihrer Dankrede den Gründen für die Entfremdung zwischen Europa und Amerika nach, die im Zusammenhang mit dem

Irakkrieg sichtbar geworden war. Sie warnte davor, die Differenzen bloß für vorübergehende Meinungsverschiedenheiten zu halten, in ihnen kehre vielmehr ein latenter Gegensatz wieder, der tief in der Geschichte verwurzelt und von langer Hand wirksam sei, in psychologischer Hinsicht »mindestens so komplex und ambivalent wie der Antagonismus zwischen Eltern und Kindern«. Susan Sontag beschrieb den Gegensatz so: »Amerikanische Unschuld und europäisches Raffinement; amerikanischer Pragmatismus und europäischer Intellektualismus; amerikanische Tatkraft und europäischer Weltschmerz; amerikanische Unverdorbenheit und europäischer Zynismus; amerikanische Gutmütigkeit und europäische Boshaftigkeit; amerikanischer Moralismus und europäisches Kompromißlertum.« Hinter all diesen Antithesen sei aber nicht nur der Wunsch der Amerikaner zu erkennen, sich von Europa abzulösen und unabhängig zu werden, sondern zugleich der Wille, die europäischen Werte insgesamt zu untergraben und abzutöten. Amerika, so die Schlußfolgerung, sei gleichsam auf der Idee eines Bruchs mit der europäischen Vergangenheit begründet worden. Europas Vergangenheit sei nicht nur eine hinderliche Last, sondern auch – in ihrer Betonung kultureller Traditionen – »durch und durch undemokratisch«.

Ich will das hier unkommentiert lassen, aber zweifellos liegt darin eine tiefe Infragestellung Europas, seiner Kultur und geistigen Identität. Und etwas Ähnliches kann man in Rußland beobachten, das geographisch – jedenfalls bis zum Ural – zweifellos zu Europa gehört, das aber in dem Traum von den »Vereinigten Staaten von Europa« keine Rolle spielt. Auch in der russischen Kultur gibt es einen tiefen Zwiespalt im Verhältnis zu Europa, bereits in der Zarenzeit, er führte damals geradezu zu einem Schisma: auf der einen Seite standen die »Westler«, die den Anschluß suchten an die westliche Kultur, auf der anderen Seite die Slawophilen, die ihr Heil in Rußland und nur in Rußland suchen. Unter dem Sowjetregime war dieser Zwiespalt überdeckt, unter der Herrschaft Putins ist er wieder sichtbar geworden. Exemplarisch formuliert hat diesen Zwiespalt Dostojewski, als er sagte, er habe *zwei* Vaterländer: »unser Rußland und Europa«. Wie es um das Verhältnis dieser beiden Vaterländer bestellt ist, läßt sich an den Worten ablesen, die Iwan Karamasow in dem berühmten Roman zu seinem Bruder Aljoscha sagt: »Ich will nach Europa reisen, Aljoscha. Und wenn ich auch weiß, daß ich nur zu einem Friedhof fahre, so ist es doch der mir teuerste, allerteuerste Friedhof! Teure Tote ruhen dort. Vor jedem Grabstein, das weiß ich im voraus, werde ich mich zu Boden werfen, diese Steine küssen und über ihnen weinen – zugleich aber werde ich von ganzem Herzen überzeugt sein, daß alles das schon lange ein Friedhof ist und keinesfalls mehr als das.«

Aus dem Bild vom »Friedhof Europa« spricht eine todernste Absage an den alten Kontinent, weil er in den Augen Dostojewskis nur eine Vergangenheit besitzt, aber keine Zukunft. Aber war es nicht Goethe, der schon 1827 die Verse notierte: »Amerika, du hast es besser / Als unser Kontinent, das alte, / Hast keine verfallene Schlösser / Und keine Basalte«? Goethe war gewiß ein großer Europäer und sogar Verfechter der Weltliteratur, aber auch er spürte, daß kultureller Reichtum zur Last und Bürde werden kann. Jedenfalls kann sie materielle Wohlfahrt nicht ersetzen, schon gar nicht in einer Zeit, in der die Menschen massenhaft nach Amerika auszuwandern begannen. Dostojewski meinte, dem europäischen Leben fehle das wichtigste Element, nämlich die religiöse Essenz. Und etwas ganz Ähnliches kann man in Amerika beobachten: die Vereinigten Staaten sind des einzige Land des Westens, in dem die Religion noch eine bestimmende Rolle spielt und das ganze Alltagsleben durchsetzt, während Europa weitgehend in religiöser Abstinenz, ja Gleichgültigkeit verharrt.

Ich wollte diese Blicke von außen auf Europa nicht unterschlagen: Dostojewskis Blick auf den »Friedhof Europa« und – stellvertretend für Amerika – Donald Rumsfeld spöttischen Blick auf das kriegsunwillige »alte Europa«. Ich mache mir weder das eine noch das andere zu eigen, glaube vielmehr, daß auf dem hier konstatierten Mangel zugleich die Stärke und die Kraft Europas beruhen. So will ich jetzt nur wiederholen: Europa ist vor allem ein geistiger, ein kultureller Raum, darauf beruht seine einzigartige Anziehungskraft. Wer nach Kalifornien fährt, dem zeigt man dort als älteste historische Zeugnisse die spanischen Missionen am Cammino Real vom Anfang des 19. Jahrhunderts. Älter als diese Missionen sind dort nur die Steine. Oder die Mammutbäume. Europa hat seine alte Kultur, es hat Monteverdi, Bach, Mozart und seine unerschöpfliche Musiktradition, die sich heute gegen die angelsächsische Popmusik behaupten muß, es hat seine große Literatur, aus deren Reichtum sich andere Literaturen, speziell die amerikanischen in Nord- und Südamerika, noch immer nähren, es hat den Parthenon und das Kolosseum, Florenz, Venedig und die Sixtinische Kapelle, den Prado und den Louvre, die kleinen alten orthodoxen Kirchen Griechenlands und die gotischen Kathedralen Frankreichs, die Karlsbrücke von Prag und den Wawel von Krakau.

7

Indem ich diese ehrwürdigen Namen und Stätten aufzähle, möchte ich dem Eindruck wehren, Europa sei vor allem eine Touristenattraktion. Ich könnte auch ganz andere Namen und Stätten nennen, die auf ihre Weise nicht weniger ehrwürdig sind: die Schlachtfelder des Ersten und des Zweiten Weltkriegs, Verdun, Coventry, Guernica, Dresden, oder die Orte der großen Massaker und Genozide: Ouradour, Distomo, Katyn bis hin zu Auschwitz. Auch sie sind Denkmäler der europäischen Kultur, Erinnerungsorte und in gewissem Sinn Wallfahrtsorte. Der ungarische Schriftsteller Imre Kertész, Nobelpreisträger des Jahres 2002, gab einem seiner Aufsätze die Überschrift: »Der Holocaust als Kultur«. Darin heißt es: »Der Holocaust ist nämlich – dem Wesen seiner Charakteristika nach – kein Geschichtsereignis, so wie es andererseits kein Geschichtsereignis ist, daß der Herr auf dem Berge Sinai Moses eine Steintafel mit eingravierten Schriftzeichen übergab.« Kertész zog eine Verbindungslinie zwischen dem Gesetz vom Berge Sinai und dem Bruch des Gesetzes drei Jahrtausende später, in der Mitte des 20. Jahrhunderts. Genauso lassen sich die großen schöpferischen Leistungen Europas nicht denken oder nicht mehr denken ohne das gleichzeitige Bewußtsein der zerstörerischen Potentiale in der Geschichte des Kontinents. Beides gehört zusammen, so wie heute Weimar und Buchenwald in gewisser Weise zusammengehören, nicht nur durch ihre geographische Nähe. Von Adorno stammt der bekannte Satz: »Nach Auschwitz ein Gedicht zu schreiben, ist barbarisch.« Man hat diesen Satz simplifizierend gelesen und gesagt, Adorno fordere das Ende der Poesie. Aber die Poesie läßt sich nicht abschaffen, so lange es Menschen gibt, sie ist das letzte menschliche Rückzugsgebiet, ohne sie wären wir im Sinne des Wortes am Ende. Deswegen hat Primo Levi dem Satz Adornos mit dem Gegen-Satz widersprochen: »Nach Auschwitz kann man keine Gedichte schreiben außer über Auschwitz.«

Das wirkt auf den ersten Blick kontradiktorisch, aber vielleicht laufen Adornos und Primo Levis scheinbar unvereinbare Sätze auf etwas anderes, Umfassenderes hinaus: auf die Feststellung, daß nicht nur Gedichte, sondern Literatur insgesamt, ja unsere gesamte Kultur, will sie diesen Namen verdienen, allein noch im Bewußtsein von Auschwitz geschrieben werden kann (und Auschwitz verstehe ich hier als Synonym für geschichtliche Schrecken). Und das gilt nicht nur für die neue Literatur, sondern auch für die ältere, *vor* Auschwitz entstandene Literatur: also auch für Dante, Cervantes, Racine, Shakespeare, Goethe, für die Epen Homers und die griechischen Tragödien. Erst im Bewußtsein der geschichtlichen Schrecken entscheidet sich, was davon standhält und was nicht. Auschwitz ist wie ein Wasserzeichen, mit dem sich ein neuer Kanon bilden läßt. Alles, was nicht dieses Wasserzeichen trägt, hat die Prüfung nicht bestanden und kann zu Recht zum Altpapier gelegt werden. Aus diesem Grund ist etwa über Lessings dramatisches Gedicht *Nathan der Weise* gesagt werden, es sei durch Auschwitz widerlegt. Aber das ist, wie ich finde, eine engstirnige Betrachtungsweise. Wohl aber trifft zu, daß *Nathan der Weise* nach Auschwitz anders gelesen und gespielt werden muß als in der Zeit historischer Illusionen über die deutsch-jüdische Kultursymbiose. Primo Levi hat in seinem Auschwitz-Bericht *Ist das ein Mensch?* beschrieben, wie die Erfahrung des Lagers ihm eine neue, völlig veränderte Lektüre von Dante ermöglichte. Und so ist es mit aller wahrhaft großen Literatur: nach Auschwitz, im Bewußtsein von Auschwitz, liest man sie anders, nur so hält sie stand.

Anders gesagt, der geschichtliche Reichtum des Kontinents ist auch eine geschichtliche Hypothek, fast im Sinne der Dostojewskischen Friedhofsmetapher, nur darf man nicht glauben, man könne sich dieser Hypothek einfach entledigen. In diesem Sinn ist Europa eine geschichtliche Entität, eine kulturelle Schicksalsgemeinschaft, und ich wage dieses Wort »Schicksalsgemeinschaft« trotz aller Vorbehalte gegen das Wort »Schicksal«, das meist dazu dient, uns von der der eigenen Verantwortung zu entbinden. Es liegt an uns, Europa als kulturelle Einheit zu denken und nicht bloß als kulturellen Deckmantel für einen Wirtschaftsraum mit seinen ökonomischen Interessen. Man verfehlt Europa, wenn man es auf fiskalische und ökonomische Fragen reduziert oder wenn man seine nationale und regionale Vielfalt dazu nutzt, sich aus dem gemeinsamen Haus davonzustehlen. Um es neu und substantiell zu denken, braucht man das »alte Wahre«, die Antike, den klassischen Humanismus und die europäische Aufklärung. Man braucht sogar, was ich lange nicht zu sehen vermochte, die religiösen Traditionen des Kontinents, um zum Beispiel dem Begriff Solidarität – übersetzbar mit Brüderlichkeit, der *fraternité* der Französischen Revolution – eine neue Substanz zu geben. Die katholische Soziallehre enthält dieses Solidaritätsprinzip ebenso wie in anderer Weise die Luthersche Soziallehre mit ihren Erwartungen an die Fürsorge des Staates. Ein rigoroser Finanzkapitalismus folgt dagegen ganz anderen – habsüchtigen, selbstsüchtigen, egoistischen – Gesetzen, und in der kalvinistischen Lehre von der bedingungslosen Erwählung erhält dieser Egoismus sogar eine jenseitige, göttliche Rechtfertigung. Auch das spielt eine Rolle in dem transatlantischen Antagonismus, von dem eben andeutend die Rede war.

Zum Schluß ein Goethe-Zitat: »Unter allen Völkerschaften haben die Griechen den Traum des Lebens am schönsten geträumt.« Wie wäre es, wenn Europa versuchte, diesen Traum weiterzuträumen? Aber das ist wahrscheinlich eine zu idealistische und weltfremde Vorstellung. Man darf diesen Traum ja nicht nur weiterträumen, sondern muß versuchen, ihn in der sozialen und politischen Wirklichkeit zu verankern. Dafür haben sich die Bedingungen geändert, vor allem rund um das Mittelmeer, wo man – einstweilen schwer einschätzbare – Aufbruchsbewegungen beobachten kann, kaum weniger einen nicht abreißenden Strom von Immigranten aus Asien und Afrika. Beides trifft Europa an seinem südlichen Rand, rund um das Mittelmeer, das alte Binnenmeer des Römischen Reiches. Wahrscheinlich wird dieser Teil Europas in Zukunft eine besonders wichtige Rolle spielen, und der Gedanke des früheren französischen Staatspräsidenten über eine »Mittelmeerunion« für die einstigen Länder des Imperium Romanum versuchte ja hier anzusetzen, nicht im Gegensatz zur Europäischen Union, sondern in Ergänzung zu ihr. Aber wie auch immer man die Idee von Europa für die Gegenwart modifiziert, der Kontinent kann sich nur wiederfinden und behaupten, wenn er sich auf seine geistigen Traditionen und seinen kulturellen Reichtum besinnt.

Bibliografische Information der Deutschen Nationalbibliothek
Die Deutsche Nationalbibliothek verzeichnet diese Publikation in der
Deutschen Nationalbibliografie; detaillierte bibliografische Daten sind
im Internet über http://dnb.d-nb.de abrufbar.

ISBN 978-3-8471-0138-3

**Veröffentlichungen des Universitätsverlags Osnabrück
erscheinen im Verlag V&R unipress GmbH.**

© 2013, V&R unipress in Göttingen / www.vr-unipress.de

Gedruckt auf alterungsbeständigem Papier